WIDGET
Y EL MIEDO

ESCRITO POR **SUSAN PELTIER, CATHERINE GRANTHAM** Y **JAEDON FONTENETTE**

CONTRIBUCIONES DE **ELI ALLEN, LUCAS PELTIER** Y **CHRISTINA FONTENETTE**

ILUSTRADO POR **SUSAN PELTIER**

CONTRIBUCIONES DE **VANESSA RAMÓN**

*"¡Si no le tienes miedo a la oscuridad,
la oscuridad comenzará a tenerte miedo a ti!"*
— Mehmet Murat ildan

"¡Buenos días, Widget!" Tía Beep dijo alegremente mientras preparaba el desayuno.

"Buen día", respondió, estirándose. "¿Qué estás haciendo?"

"¡Vamos a tener panqueques y jugo de naranja!" Ella se rió, "Solo bromeo. Son panqueques y jugo de naranja".

Ella levantó la vista de su plato y notó que él parecía preocupado.

"¿Qué pasa?" ella preguntó.

"No pude dormir anoche. Supongo que me asusté", dijo.

Ella sonrió, "¡No te preocupes, mi pequeña cabeza de engranaje! Déjame ayudarte".

El sol se puso detrás de las colinas y el cielo cambió de naranja a azul oscuro.
Widget se sintió asustado. Imaginó cosas escondidas en la oscuridad.
Se detuvo por un momento, "Tía Beep", susurró nerviosamente.
"Tengo miedo a la oscuridad. ¡Creo que hay monstruos escondidos!"
Ella lo rodeó con el brazo, lo abrazó suavemente y dijo: "No te preocupes, estaré contigo. Déjame mostrarte que la oscuridad no da tanto miedo".

Widget continuó: "Hay un monstruo grande y aterrador con garras afiladas y ojos brillantes escondido debajo de mi cama. ¡Me agarrará cuando duerma!".

La tía Beep se compadeció y dijo: "Miremos juntos, ¿de acuerdo?"

Se inclinó y levantó con cuidado el borde de la manta, mirando debajo de su cama.

Ella exclamó: "¡No hay monstruos aquí! Es tu juguete favorito, Sr. Robo-Bunny".

Suspiró aliviado, "El Sr. Robo-Bunny no da miedo en absoluto. ¡Es mi mejor amigo!"

Sosteniendo al Sr. Robo-Bunny con fuerza, Widget dijo: "Creo que hay un monstruo en mi armario con dientes grandes y brazos largos y viscosos!"

La tía Beep tomó su mano y dijo: "Veamos".

Abrió lentamente la puerta del armario. Dentro había cajas y ropa. Sacó un abrigo mullido con una capucha grande y peluda.

"No hay monstruos aquí. Solo tu chaqueta".

Se sintió mejor.

"A veces", dijo Widget, con voz temblorosa,

"¡Cuando estoy en la cama por la noche, las formas en la pared parecen cosas aterradoras con piernas largas y caras extrañas!"

Tía Beep tomó una linterna y apuntó a las formas, haciéndolas desaparecer. Eran solo árboles afuera, moviéndose en el viento.

"¿Ves, Widget? ¡Esas formas son ramas que hacen sombras! No son monstruos".

"¿Qué son los ruidos que escucho?" Widget preguntó, luciendo preocupado.

"Cuando estoy solo en la oscuridad, escucho sonidos aterradores. ¡Suenan como susurros!"

La tía Beep asintió y dijo: "Escuchemos juntos".

Fueron a la ventana y la abrieron lentamente. Resultó ser los maullidos y ronroneos de un gatito.

"¡Ese es el Sr. Bigotes! Es un gato lindo y amigable, explorando el vecindario".

"¿Qué más te asusta, Widget?" preguntó la tía Beep.

"Bueno, a veces", dijo con un temblor en la voz, "¡Cuando todo está en silencio, se siente como si algo estuviera caminando por la casa!"

Ella se rió entre dientes y dijo: "¡Oh, hay una explicación simple para eso!" Ella pisoteó juguetonamente el suelo. Crujió y gimió debajo de ella.

"¿Ves? Esa es solo nuestra antigua casa. ¡No hay nada de miedo en eso!" Escuchó atentamente mientras el suelo emitía sonidos bajo sus pies.

"¿Qué pasa con el fantasma en el pasillo?" Widget dijo.

La tía Beep lo rodeó con el brazo y dijo: "Vamos a echar un vistazo".

Caminaron hacia el pasillo donde una figura blanca flotaba en la oscuridad. Encendió el interruptor de la luz. Pudo ver que el "fantasma" era solo una sábana blanca que colgaba de un estante para secarse. Una brisa soplaba a través de una ventana abierta, por lo que se movía.

"¡No te preocupes, no hay nada de qué asustarse!

¡Es solo la ropa!", dijo.

Widget se metió en la cama y se cubrió con las sábanas hasta la barbilla.

"¿Tía Beep?" llamó. Ella asomó la cabeza en la habitación,

"¿Sí, Widget?"

"¿Qué pasa si me despierto en medio de la noche y no estás aquí? ¿Qué pasa si no puedo encontrarte?"

Sus ojos estaban muy abiertos por la preocupación. Se sentó en el borde de la cama, "Siempre trataré de estar aquí para ti. Pero si por alguna razón no lo estoy, me aseguraré de que sepas dónde encontrarme".

"Pero, ¿y si estoy demasiado asustado para ir a buscarte?" preguntó.

"Está bien", dijo ella tranquilizadoramente.

"Siempre puedes llamarme y vendré".

Widget se enteró de que la tía Beep estaba allí para ayudarlo. Ella le enseñó que las cosas que él pensaba que daban miedo eran solo su imaginación y que no había nada que temer. Después de un tiempo, su miedo a la oscuridad y el miedo desaparecieron.

www.ingramcontent.com/pod-product-compliance
Lightning Source LLC
Chambersburg PA
CBHW042143030726
47599CB00002B/596